Lire l'heure

Heather Amery
Illustrations : Stephen Cartwright
Rédaction : Jenny Tyler
Traduction : Lorraine Beurton-Sharp

Plusieurs petits canards jaunes se cachent dans ce livre. Cherche-les.

2

Voici madame Dupré avec ses deux enfants,
Julie et Marc, et leur chien, Caramel. Ils
habitent à la ferme des Pommiers.

Julie apprend à lire l'heure. Marc aussi.
Amuse-toi à bouger les aiguilles de la
pendule pour apprendre avec eux.

Le matin, madame Dupré entre dans la chambre de Julie et de Marc pour les réveiller. Caramel la suit. Il aime bien jouer avec Marc.

Caramel m'a réveillé.

Quelle heure est-il ?

Il est 7 heures.

« C'est l'heure de se lever, dit madame Dupré. Il fait soleil ce matin et nous avons beaucoup de choses à faire aujourd'hui. »

Julie et Marc s'habillent
et descendent prendre
leur petit déjeuner
dans la cuisine. Julie
regarde la pendule.

Quelle heure
est-il ?

Il est
8 heures.

« Il est 8 heures, explique madame Dupré, car la petite aiguille est sur le 8 et la grande est tout en haut, sur le 12. Il est donc "pile" l'heure, 8 heures. »

« Pouvons-nous donner à manger aux poules après le petit déjeuner ? » demande Marc.

« Je vais nourrir les poules et toi, Julie, tu peux ramasser les œufs », propose madame Dupré.

Il est 9 heures.

« Pouvons-nous aller voir le petit veau de
Daisy ? » demande Marc.

« Remplissons d'abord l'abreuvoir de Daisy, puis nous irons porter les œufs à la maison. Vous avez peut-être soif, tous les deux ? » demande madame Dupré.

« Oh oui ! » répond Julie.

« Allons voir les cochons », dit madame Dupré.

Le petit veau de Daisy lui ressemble.

Je crois qu'il est midi.

Ils vont à la porcherie.

« Julie, quelle heure est-il ? » demande madame Dupré.

« Je ne sais pas », répond Julie.

« Tu peux deviner ?
La petite aiguille et la grande aiguille sont sur le 12 », dit madame Dupré.

« Pouvons-nous pique-niquer ? » demande Marc.

13

Madame Dupré, Julie et Marc
pique-niquent dans le champ.

Est-ce qu'il est
1 heure ?

Je vois l'horloge
de l'église.

« C'est bientôt l'heure de nourrir le petit agneau, et
aussi Pépin », dit madame Dupré.
« Est-ce que nous pouvons aider Jean à rentrer les
vaches pour la traite ? » demande Marc.

« Comme il a soif, cet agneau ! » dit Marc.

« Bonjour Pépin, dit Julie. Voici du foin pour toi. »

Madame Dupré, Marc et Julie rentrent les vaches à l'étable.

« On peut aller chercher papa au train ? » demande Marc.
« Il ne faut pas être en retard », dit madame Dupré.

À la gare, madame Dupré, Marc, Julie et Caramel attendent sur le quai. Ils sont là juste à temps pour voir le train arriver.

« Assis, Caramel ! Tais-toi », dit madame Dupré.

« Il a vu papa ! » s'écrie Marc.

« Oui, maintenant rentrons tous à la maison pour dîner », dit madame Dupré.

20

« Je savais qu'il était 6 heures,
répond Julie, car la petite aiguille
est sur le 6 et la grande sur le 12. »

« Très bien, Julie », dit madame Dupré.

« Je le savais aussi », ajoute Marc.

Monsieur Dupré a
rapporté des cadeaux
à Marc et à Julie.

Une pendule pour moi !

« Les deux aiguilles sont sur le 6 », dit Julie.

« La grande aiguille a fait un demi-tour du cadran.
Cela indique la demi-heure. Il est 6 heures et demie »,
explique madame Dupré.

« Ah, je comprends.
C'est facile », dit Julie.

C'est une
vraie montre !

« Ce soir, je suis trop fatiguée pour lire l'heure, mais demain, je pourrai », dit Julie en bâillant.

« Moi aussi », dit Marc.